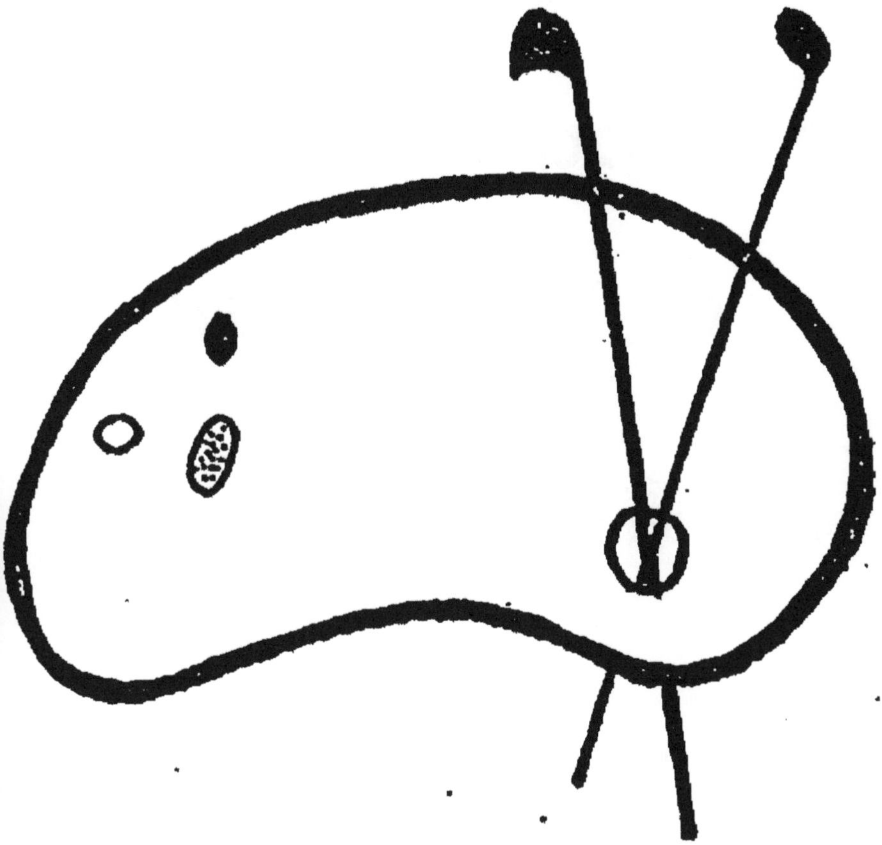

DEBUT D'UNE SERIE DE DOCUMENTS
EN COULEUR

J. SUPERBIE

Le Député et l'Électeur

DIALOGUE POLITIQUE

PRIX : 40 CENTIMES

BORDEAUX

GOUNOUILHOU, IMPRIMEUR-ÉDITEUR

11, RUE GUIRAUDE, 11

1899

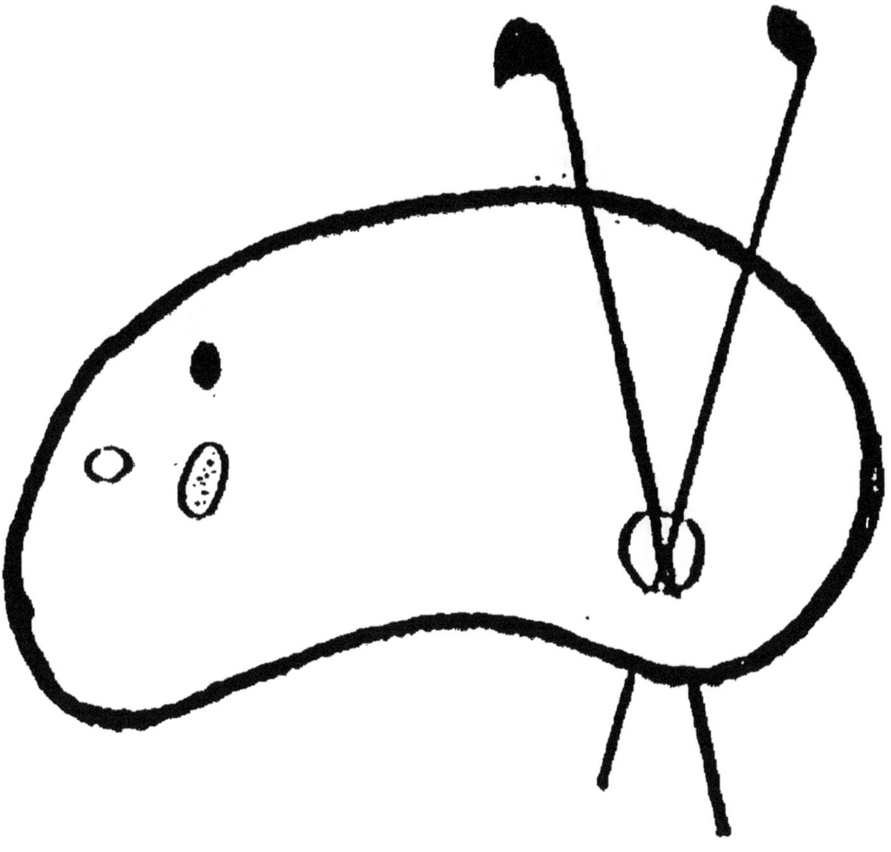

FIN D'UNE SERIE DE DOCUMENTS
EN COULEUR

J. SUPERBIE

Le Député et l'Électeur

DIALOGUE POLITIQUE

BORDEAUX
G. GOUNOUILHOU, IMPRIMEUR-ÉDITEUR
11, RUE GUIRAUDE, 11
1899

PRÉFACE

Un peu de bien pour le pays est le but qu'a recherché l'auteur de ce dialogue. Il y a assez de gens de cœur pour lui permettre d'espérer que ses efforts ne seront pas tout à fait infructueux.

Il leur en fait hommage.

LE DÉPUTÉ

ET L'ÉLECTEUR

DIALOGUE POLITIQUE

L'Électeur. — Voulez-vous que nous nous entretenions un peu de la politique, mon cher député, maintenant que nous sommes à la campagne?

Il va sans dire que ce sera sans parti pris, en hommes uniquement préoccupés de l'intérêt général.

Le Député. — Je le veux bien, mon cher ami, sachant que nous en parlerons avec tout le calme qui convient à un sujet si délicat. Mais je vous préviens que c'est un sujet où les contradictions abondent, plus difficile à traiter qu'on ne le croit d'ordinaire et dont on parle beaucoup trop sans y être préparé. Cependant, comme nous avons à peu près les mêmes principes, je crois que nous nous entendrons, même sur les quelques divergences d'opinion qui se produiraient.

L'Électeur. — Je suis de votre avis. Dans toutes les classes, en France, on sent le besoin de parler de la politique; la parole n'y est pas seulement, comme ailleurs, un moyen de se communiquer ses idées et ses sentiments, mais c'est un instrument dont on aime trop à jouer. Enfin, nous allons en parler aussi, et j'en tirerai profit, car je n'ignore pas que vous avez à la Chambre une situation prépondérante.

LE DÉPUTÉ. — Je vous remercie des sentiments que vous m'exprimez. Ma prépondérance, à la Chambre, n'est pas aussi grande que vous voulez bien le dire. Mais puisque vous y croyez, je désire, avant d'entrer au cœur du sujet, que vous me promettiez de parler sans réticences, de parler aussi librement que vous le feriez avec quelqu'un qui vous paraîtrait moins habile que vous dans un art.

L'ÉLECTEUR. — Je vous le promets. Et de mon côté je vous demande que vous ne me ménagiez pas les coups quand je m'y exposerai. De cette, façon il rejaillira de ce débat et plus de lumière et plus de vérité.

LE DÉPUTÉ. — C'est entendu. Sans de nouveaux préambules, arrivons au sujet.

L'ÉLECTEUR. — Eh bien! il ne se passe pas de jour sans que j'entende parler politique, et si je vais à la ville j'en entends parler davantage encore. On en parle trop, je vous l'ai déjà dit, surtout depuis l'incessante augmentation du nombre des journaux qu'on lit de plus en plus.

LE DÉPUTÉ. — Que les électeurs fassent leur sélection et qu'ils en lisent moins.

L'ÉLECTEUR. — Il faut être capable de la faire, cette sélection! Certains journaux ne sont uniquement préoccupés que de séduire leurs lecteurs, qui, une fois séduits, ne lisent plus jamais que le même journal, et s'il est mauvais, eux-mêmes le deviennent et ne croient plus rien de ce que disent les autres.

LE DÉPUTÉ. — Mais puisqu'il y en a de bons qui

sont lus aussi, tout le monde n'est pas imbu d'idées fausses.

L'ÉLECTEUR. — Je crois pouvoir dire que le nombre des mauvais l'emporte sur celui des bons et que l'âpreté de la lutte grandit chaque jour, en province plus qu'à Paris peut-être. De la liberté on est tombé dans la licence. Ne pourrait-on pas endiguer le flot toujours montant de la calomnie, de l'injure et de la diffamation? Car les électeurs des campagnes, je vous l'assure, en sont écœurés.

LE DÉPUTÉ. — Vous voyez bien le mal, en l'exagérant un peu, sans doute, mais vous n'indiquez pas le moindre remède.

L'ÉLECTEUR. — Ce n'est pourtant pas au malade à indiquer le remède au médecin!

LE DÉPUTÉ. — Il y a des maux qu'il faut savoir supporter, puisque le remède n'est pas en notre possession. On ne peut pas tout guérir.

L'ÉLECTEUR. — Il faut guérir, cependant!

LE DÉPUTÉ. — Nous ne pouvons pas, en République, supprimer la liberté de la presse.

L'ÉLECTEUR. — Et la limiter?

LE DÉPUTÉ. — La limiter non plus. La censure est une atteinte à la liberté de la pensée. Il faudrait des censeurs infaillibles : nous n'en avons pas.

Décréter que seuls les journaux riches pourront paraître, afin de pouvoir les frapper dans leur bourse, est une atteinte plus grave encore.

Il faut, dans une démocratie, que les pauvres comme les riches puissent exprimer librement leurs pensées.

En province, on devrait bien se défaire de certains préjugés à ce sujet. Vous savez bien que nos lois interdisent la calomnie, l'injure et la diffamation et que ceux qui en sont atteints peuvent très bien faire condamner leurs auteurs.

S'ils ne le font pas toujours, c'est qu'ils ne le veulent pas : c'est une liberté dont ils doivent être les seuls arbitres.

L'honnête homme injurié n'en est pas amoindri. Il sait que les injures subissent la loi des corps physiques et n'atteignent alors que selon la hauteur d'où elles tombent.

L'Électeur. — A la campagne, on trouve déplorables les attaques de certaine presse contre ceux qui ont la garde de nos institutions, de notre honneur, de notre fortune. L'impunité a laissé fortifier et grandir ces attaques.

Autrefois, nous étions moins instruits, peut-être, mais nous avions plus d'éducation.

Nous sommes un peuple en décadence. Il appartient aux pouvoirs publics de châtier sans faiblesse tous ceux qui transgressent nos lois.

Le Député. — Je vous le répète, c'est à chacun à se défendre et c'est pour chacun aussi une liberté qu'il doit avoir de se plaindre ou de se taire.

Ce dont vous vous plaignez sera bien près de finir le jour où ceux qu'on attaque se plaindront : il y a assez de lois pour armer les juges. On pourrait peut-être changer le mode de juridiction pour rendre la répression plus rapide et plus efficace ou tout au moins accorder des dommages-intérêts considérables, ce qui mettrait peut-être un frein à tous ces abus, sans attenter pour cela à nos libertés primordiales.

Mais nous aurons surtout le remède quand les hommes seront devenus meilleurs et qu'ils obéiront à la loi morale, qui n'a pas de sanction, comme ils obéissent à nos lois écrites.

L'Électeur. — Vous avez une haute conception de la société future. Je crois, comme vous, que notre état politique serait vite changé si les hommes, comme par enchantement, devenaient meilleurs. Mais je crois surtout qu'en inculquant sans cesse des idées malsaines, le mal ne fera que grandir.

La mauvaise foi me paraît augmenter chaque jour. Et parmi tant de partis politiques au milieu desquels nous nous débattons, — chaque parti croyant seules bonnes les théories qu'il professe, — il me semble qu'il ne peut pas y avoir deux vérités politiques, pas plus que deux vérités dans tous les autres enseignements.

Le Député. — Il faut bien admettre que nous appelons souvent mauvaise foi, contre-vérité politique, ce qui est contraire à l'opinion que nous ne partageons pas. Comme vous l'avez dit, chaque parti croit qu'il n'y a pas de vérité en dehors du sien.

C'est une lutte qui durera autant que les hommes. La loi du plus grand nombre prévaudra toujours, en République du moins. Quand la minorité veut prétendre à gouverner, l'histoire nous démontre que la révolution est aux portes; privé du bulletin de vote, on prendrait les armes.

L'Électeur. — Vous venez de me dire que la lutte durera autant que les hommes, et cependant vous espérez qu'ils deviendront meilleurs. C'est un dilemme que j'avoue ne pas comprendre.

Le Député. — J'ai voulu dire que nous n'arriverons pas à l'unité politique. Non. C'est là une chimère. Tous les hommes n'auront jamais la même opinion, — et le progrès naît souvent de cette diversité, — mais je crois fermement que le plus grand nombre s'efforcera de plus en plus à tendre à l'infaillibilité...

L'Électeur. — ... Sans y prétendre.

Le Député. — Sans y prétendre, mais y tendra suffisamment pour faire comprendre aux autres qu'il n'y a de beau que le vrai, qui toujours enfante la justice.

Et après cet incommensurable effort, le calme succédera à la tempête. Une ère nouvelle de réconciliation, poussée par une force invisible, mettra fin à nos luttes intestines, et les hommes nécessairement réconciliés s'aimeront.

L'Électeur. — Vous me paraissez faire un beau rêve.

Le Député. — Ce n'est pas un rêve. Mais je crois à la justice immanente, à la sainteté de cette loi.

L'Électeur. — Je vois les choses d'une manière plus terre à terre. Nos divisions ne me paraissent pas sur le point de finir. Permettez-moi de vous dire que l'opinion publique est convaincue que vous êtes aussi divisés au Palais-Bourbon que le sont les électeurs : on dit couramment que la Chambre est mal composée, incapable de servir les intérêts vitaux du pays. Beaucoup se demandent si le peuple était tout à fait mûr pour le suffrage universel et s'il ne serait pas bon d'apporter quelques modifications à la Constitution qui nous régit.

Le Député. — Certainement qu'à la Chambre nous n'avons pas tous les mêmes vues. Mais à qui la faute? Ne sommes-nous pas l'émanation du suffrage universel? Que les électeurs choisissent mieux leurs mandataires! Qu'ils tendent à plus d'unité et il en résultera, naturellement, la cohésion nécessaire à la bonne gestion des affaires du pays.

Une république sans le suffrage universel n'est plus une république. Ne laisser voter que les riches n'est pas une chose admissible. La fortune n'est pas un brevet de capacité. Ne donner ce droit qu'à ceux qui sont instruits n'est pas admissible non plus. L'ignorant n'est pas fatalement dépourvu d'un bon jugement. Et j'aime mieux un ignorant avec un bon jugement qu'un savant avec un jugement faux.

L'Électeur. — Et s'il y a ce manque de bon sens, qui est indispensable?

Le Député. — Je m'attendais à cette question. Eh bien! il faudra supporter encore ce mal et attendre le remède. Comment arriver à distinguer, en politique, celui qui a du bon sens et celui qui en est dépourvu?

Ceux qui seraient appelés à décerner ces brevets ne les décerneraient qu'à ceux qui auraient les mêmes opinions politiques qu'eux. Figurez-vous une monarchie constitutionnelle ou un empire *libéral* n'osant pas supprimer le suffrage universel, mais voulant cependant y porter quelque atteinte au moyen de la délivrance de brevets d'électeurs à ceux qui leur paraîtraient avoir assez de bon sens pour l'obtenir. Qu'arriverait-il? Pas un républicain ne serait électeur! Ils seraient tous considérés comme n'ayant pas assez de bon sens.

En république, nous ferions certainement moins d'ostracisme, mais nous en ferions. Ce serait aussi apporter une grave atteinte au secret du vote, puisque la position de la question ferait ou délivrer ou refuser ce fameux brevet, que quelques-uns obtiendraient par ruse. En un mot, cela ne ferait qu'envenimer les querelles entre ceux qui auraient le droit de voter et ceux qui ne l'auraient pas.

Ce n'est pas possible, pas plus que ce même suffrage universel ne peut décréter la pérennité. Ou alors ce n'est plus une république, je vous le répète, et puisque vous êtes républicain, vous devez subir ce mal jusqu'au jour où les hommes seront, sinon parfaits, du moins plus éclairés; et ce jour poindra, espérons-le.

L'Électeur. — Certainement que je suis républicain, mais je souffre de voir notre pays se débattre dans d'interminables luttes. Je souffre de voir que la réconciliation est lointaine.

Vous acceptez plus gaiement que moi le mal.

Le Député. — Non, pas gaiement!

L'Électeur. — La politique, autrefois, était un combat plein de courtoisie. J'ai assisté à bien des luttes, mais elles ne dégénéraient pas en haine comme maintenant. Les principes seuls étaient en cause: nous étions en présence d'adversaires, mais pas d'ennemis. Devenir un homme politique était alors digne d'envie. Les démagogues n'existaient pas, les flatteurs étaient rares, point de politiciens dans la multitude devenue si confuse. D'un côté étaient ceux qui voulaient tenir le peuple dans la servilité, de l'autre ceux qui voulaient l'affranchir.

Et voilà qu'après nos laborieuses victoires, nous mettons le drapeau en lambeaux : les vainqueurs se font une guerre sourde. On dirait vraiment que nous sommes trop nombreux, comme sur une terre impuissante à nous nourrir qui nous obligerait à nous entre-dévorer, car vous ne nierez pas que le parti républicain soit devenu une tour de Babel, tant il y a de subdivisions dans la classification des partis, et la haine y est plus vivace, entre ces partis, qu'elle ne l'était quand la lutte était circonscrite aux principes seulement.

Le Député. — Il serait, en effet, bien difficile à un mathématicien de calculer ce que la haine a coûté à l'humanité. La politique est devenue difficile et peu accessible à ceux qui ne sont pas vraiment bien armés pour la lutte. Il faut un certain courage pour l'affronter.

Je ne crois pas cependant que nous soyons dans un labyrinthe aussi inextricable que vous le croyez.

Vous m'accorderez bien que lorsqu'une lutte est circonscrite, le rôle des combattants est plus facile.

On est arrivé, non sans peine, je le reconnais, à établir le principe. Mais quand un jardin est bien clos, il faut l'aménager. Ce travail est plus difficile que le premier, et vous voulez dire que nous ne nous entendons guère, à la Chambre, pour le cultiver.

L'Électeur. — Vous en avez fait une serre trop chaude!

Le Député. — Je vous répète qu'il est plus difficile d'aménager que de construire.

L'Électeur. — Vous mettez bien du temps à accomplir cette tâche.

Le Député. — Nous en sommes souvent empêchés par certains députés qui nous font une opposition érigée en système, et c'est un mal qui restera inguérissable tant que la majorité ne sera pas en communion d'idées.

L'Électeur. — N'y a-t-il pas à craindre que les principes eux-mêmes ne disparaissent sous le torrent de ces divisions? Les interpellations oiseuses sont bien mal jugées par le pays!

Le Député. — Non. Je crois, au contraire, que la République, qui est le gouvernement légal, est indestructible.

Elle peut ne pas être parfaite; mais devant un attentat à la forme de ce gouvernement, tous les partis républicains seront unis et se lèveront pour le défendre contre ses ennemis du dedans et du dehors.

Quant au droit d'interpellation, il est sacré: il faut que chaque mandataire puisse demander compte au Gouvernement de ses actes et même de ses intentions au sujet de la politique intérieure et extérieure.

Le jour où ce droit n'existerait plus, ce ne serait plus une République puisque le Gouvernement agirait seulement selon ses vues personnelles, d'où il résulterait fatalement une autorité sans contrôle.

L'Electeur. — Les membres de la droite interpellent aussi.

Le Député. — C'est un droit qu'ils ont comme les autres. Ne représentent-ils pas des électeurs? Il faudrait alors leur interdire celui de voter avec le Gouvernement, ce qui équivaut à dire qu'ils ne pourraient, en aucun cas, faire une proposition même acceptable de tous; c'est l'exclusion donc qui en résulterait pour eux.

L'Électeur. — Nous sommes d'accord sur ce point. Je ne vois le péril que dans la division du parti républicain. Le pays ne comprend guère qu'il y ait des opportunistes, des progressistes, des radicaux, des radicaux-socialistes, des socialistes, pas plus que des écoles du socialisme communiste ou collectiviste. Tous se disent plus républicains que le groupe qui siège à leur côté.

Comment voulez-vous qu'en période électorale on se reconnaisse dans ce dédale d'opinions? Il faut une puissance de discernement que tout le monde n'a pas. Il ne devrait y avoir que des républicains sans épithète, qui tiendraient pour révolutionnaires ceux qui sont de l'école collectiviste ou communiste. Je ne parle pas, bien entendu, des anarchistes, qui ne sont que des assassins qu'on doit traiter en assassins.

La faiblesse des gouvernements est peut-être un peu la cause, involontaire sans doute, de l'incursion dans la politique de gens uniquement imbus de la passion du mal.

Je suis persuadé que cela nous déconsidère beaucoup à l'étranger, que nos affaires en souffrent et que notre prospérité en subit une grave atteinte. Il serait temps aussi de rappeler au clergé que sa mission n'est pas dans la politique.

Le Député. — Toutes les manœuvres factieuses doivent être sévèrement réprimées. Le gouvernement a non seulement le droit de se défendre, mais c'est aussi son devoir. Trop de tolérance déconsidère, trop de sévérité irrite. C'est surtout sur le terrain religieux que nous devons nous montrer tolérants. La liberté de conscience doit rester intangible; mais si le cléricalisme devenait menaçant, nous devrions rappeler au clergé qu'il gagnerait en prestige et en considération en ne se mêlant pas aux luttes politiques, ou alors on sévirait contre eux.

Mais il n'appartient pas au gouvernement de dire à un candidat quel sera son programme s'il veut se présenter aux suffrages des électeurs, ce candidat devant nécessairement être libre de dire quelles sont les modifications qu'il désire apporter à nos institutions.

L'Électeur. — Et que de candidats sans vergogne!

Le Député. — Nous ne pouvons pas non plus avoir une école de candidats.

Il vaudrait mieux naturellement que les républicains s'entendissent sur un programme commun bien mûri, très étudié, ne prêtant en rien à l'équivoque, et dont la semence produirait infailliblement le bon grain.

L'Électeur. — Nous sommes persuadés, en province, que les partis extrêmes ont été inventés à Paris, que le mauvais exemple s'est étendu ensuite et que ces faux amis du peuple s'en servent sans le servir, trouvant bons tous les moyens pour réussir.

Ils ne reculent devant aucune coalition, aussi monstrueuse qu'elle puisse être, pour s'emparer du pouvoir. Nous en avons mille exemples de ces prétendus républicains qui ne trouvent personne d'assez pur à leurs yeux, accusant de défection les plus éprouvés des républicains. Et s'ils les écartent, c'est uniquement parce qu'ils trouvent plus de complaisance et de crédulité dans certains milieux pour donner libre carrière à leurs utopies et en tirer profit.

Je trouve déplorable que des hommes incapables de commettre une mauvaise action puissent mettre toute pudeur de côté quand ils entrent dans l'arène politique, et s'allier alors à leurs pires ennemis.

Il en résulte que ceux qui sont incapables de commettre une mauvaise action, même sur le terrain politique, se refusent à devenir candidats, laissent le champ libre aux fauteurs de discordes, et n'éprouvent que dégoût pour la politique.

Et trouvant qu'il y a trop d'ivraie et pas assez de bon grain, ils abandonnent ce champ : ils ne votent même pas.

LE DÉPUTÉ. — J'ai bien observé cela, comme vous.

L'ÉLECTEUR. — Cette lassitude incite les politiciens de la surenchère à se faire entendre de la foule irréfléchie qui, confiante dans leurs promesses, les acclame.

Presque toujours le candidat qui promet tout, qui flatte les passions, qui va jusqu'à leur dire que la richesse est nuisible à la masse, que la spoliation est juste, l'emporte sur celui qui ne veut rien promettre que ce qu'il pourra tenir, n'admettant que des réformes réalisables et pratiques.

Ah! c'est qu'il est plus facile de parler aux passions qu'à la raison.

Le Député. — Votre pessimisme va peut-être un peu loin.

L'Électeur. — Ou vous êtes trop optimiste.

Le Député. — C'est à cause de cela qu'il faut en tout prendre le juste milieu.

Je vous ai déjà dit que les républicains sont les plus nombreux. Le régime parlementaire est l'application de cette loi. Eh bien! il y aura toujours des erreurs dans cette masse d'hommes, et quelques sycophantes s'y glisseront : la fourberie de certains électeurs engendre la duplicité de certains mandataires.

L'Électeur. — C'est plutôt, je crois, ces derniers qui ont vicié l'atmosphère politique et qu'il y a répercussion dans le pays!

Le Député. — Je vous accorde que ces cas peuvent se produire, mais vous m'accorderez bien, à votre tour, que, généralement, le mandataire a plus de bon sens que le mandant et qu'il est mieux préparé que lui à la bonne gestion des affaires. Point de politique heureuse sans une grande connaissance de l'histoire et de la science du droit.

L'Électeur. — Ils n'en sont que plus coupables lorsqu'ils ne doivent leur élection qu'à leurs tromperies subtiles.

Beaucoup d'électeurs m'ont demandé pourquoi, durant la période électorale et dans les professions de foi, l'on annonçait que de grandes choses allaient s'accomplir, et qu'on abandonnait après.

« On nous a parlé, disent-ils, de l'équilibre du budget, des économies à réaliser, de la diminution du nombre des fonctionnaires, de la réduction du service militaire, de la suppression des vingt-huit jours, d'une caisse de retraites pour les ouvriers des villes et des campagnes, et enfin de la réforme fiscale qu'on appelait impôt sur le revenu, et nous ne voyons rien de tout cela se réaliser, » ajoutent-ils.

Je leur réponds de mon mieux; mais, mon cher député, je ne serais pas fâché que vous m'en disiez un mot.

Le Député. — Je le veux bien, même pour ce qui concerne la réforme fiscale, sans toutefois, sur ce point, entrer dans de longs développements, cette question étant à l'étude.

Il est malheureusement exact que des députés ne doivent leur élection qu'à leurs tromperies subtiles, possédant à un très haut degré l'art d'élaborer de mirifiques programmes qui ne résistent pas ensuite à un examen sérieux et approfondi.

Certainement que notre budget doit être très scrupuleusement équilibré et qu'il faudrait même qu'il y eût un excédent de recettes, cet excédent fût-il minime; car avec des recettes absolument égales aux dépenses, on est trop près d'y voir cet équilibre rompu le jour où une dépense nouvelle devient indispensable, comme étant indépendante de notre volonté.

C'est ce que j'appellerais, dans le budget d'un particulier, une petite réserve destinée à la réfection d'un mur, par exemple, qu'un ouragan ferait écrouler, fait qu'il ne pouvait prévoir, mais dépense qu'il lui faudrait bien supporter.

Des économies, nous en devons faire certainement au moyen d'un examen attentif des dépenses de chaque département ministériel. On a trop de propension, dans un but électoral, à faire des dépenses qui ne sont pas justifiées. Il ne faudrait en accepter de nouvelles qu'à la condition de trouver la recette correspondante, et si cette dépense était trop urgente, elle devrait pouvoir être prélevée, sans le dépasser, sur l'excédent du budget, d'où la nécessité de cet excédent dont je vous parlais tout à l'heure.

Nous devons même tendre à l'élever de plus en plus cet excédent, non seulement pour faire face aux nouvelles dépenses qui seraient jugées indispensables, mais aussi pour qu'il serve à l'amortissement de notre Dette, dont on ne parle pas assez : payer ses dettes, c'est s'enrichir. Qu'un contrôle bien organisé examine donc minutieusement nos dépenses, et, faisant cesser les antagonismes qui se produisent souvent en pareille matière, que ces contrôleurs exigent que tous y apportent leur contingent !

Le nombre des fonctionnaires a augmenté, c'est certain, mais ceux qui nous font ce reproche en sont souvent la cause. Dans chaque institution nouvelle, il faut des agents destinés à l'exécution et d'autres à la surveillance.

S'il n'y a pas une question sociale, il y a des questions sociales dont il faut s'occuper. Dernièrement encore, on s'est occupé de la protection des personnes employées dans les industries, de l'assistance des enfants, de la responsabilité des accidents dont sont victimes les ouvriers et des indemnités qui leur sont dues. Eh bien ! toutes ces lois humanitaires, dont la République s'honore, sont bien cause qu'il a fallu créer des fonctionnaires chargés de veiller à leur application.

Nous devons constater, à ce sujet, que les fonctions publiques sont trop recherchées. Le séjour des villes attire trop les jeunes gens, qui finissent par s'apercevoir que la main vaut souvent plus que le cerveau et qu'ils auraient trouvé plus de bien-être à cultiver un champ. Aussi arrive-t-il souvent, qu'une fois fonctionnaires, ils combattent le gouvernement dont ils ont imploré leur nomination, et ils oublient que, s'ils ont des droits, ils ont aussi des obligations à remplir envers l'État.

Le service militaire d'une durée de trois ans ne pourrait être réduit sans danger. Les officiers ont devant eux de nombreuses années pour se perfectionner chaque jour davantage dans l'art de la guerre; mais il n'en est pas de même des sous-officiers, précieux auxiliaires des premiers, puisqu'il leur est loisible de quitter la caserne à l'expiration de leur service. Il faut qu'ils s'instruisent durant une année au moins, et ce n'est qu'après qu'ils peuvent être utiles. Il y a même une armée étrangère où le service est de quatre années dans certaines armes.

En France, on verrait avec trop de défaveur que la durée du service militaire ne fût pas égale pour tous dans les diverses armes.

En convoquant les soldats de la réserve pour vingt-huit jours et ceux de la territoriale pour treize jours, la loi militaire n'avait pas pour but d'instruire ces hommes en si peu de temps. Ces appels permettent à nos officiers généraux de s'habituer à faire mouvoir un grand nombre d'hommes, comme cela aurait lieu en temps de guerre. Et si des expériences de mobilisation ne se font pas plus souvent, c'est pour ne pas éloigner de leurs affaires les hommes qui sont dans leurs foyers et aussi à cause des dépenses que ces expériences entraîneraient.

Servir une retraite à tous ceux qui n'ont plus la force de travailler est une idée fort généreuse. Mais où prendre l'argent? L'État, qui paie déjà trop de pensions, n'a pas trouvé encore le moyen — souhaitons qu'il le trouve — de donner beaucoup après avoir reçu bien peu.

L'initiative privée peut faire de grandes choses en

pareille matière. L'ordre et l'économie sont deux facteurs puissants au service de chacun ou dans la mutualité. Nos Sociétés de secours mutuels en sont un exemple tangible.

J'arrive maintenant à la réforme fiscale dont toutes les professions de foi parlaient plus ou moins. J'en ai rassemblé beaucoup, de ces professions de foi, et je vous déclare tout d'abord qu'il résulte de leur examen que je n'ai trouvé dans aucune la formule nouvelle devant rallier tous les esprits.

Des hommes qui ne sont pas étrangers à la science économique n'ont pu faire encore qu'une incursion sur ce terrain ardu de l'impôt sur le revenu. Le principe seul est resté. Il est bien conforme à la lettre et à l'esprit de la déclaration des droits de l'homme et du citoyen.

Il faut que chacun paie selon ses moyens. Établir l'impôt sur le revenu est bien digne de l'attention des législateurs. Mais il faut éviter soigneusement que l'impôt sur le revenu, mal établi, ne soit plus désastreux que l'impôt actuel sur le capital. Ce n'est pas une étude à la portée de tout le monde : les réformateurs irréfléchis sont nombreux, mais ceux, à vues profondes, pouvant nous apporter un assemblage dont toutes les parties seront une doctrine, ne nous sont pas encore apparus. Qu'ils viennent, et ils pourront compter sur notre concours. C'est vous dire que je ne vous apporte pas un système d'impôt sur le revenu. Je ne dis pas non plus que l'impôt sur le capital soit parfait. Mais je connais les nombreuses imperfections de l'impôt sur le revenu que quelques-uns préconisaient.

Tous, je le répète, nous devons payer notre part de l'impôt. Notre dignité exige que nous évitions de créer des catégories de citoyens qui ne seraient pas égaux devant la loi.

Des projets d'impôts sur le revenu étaient un leurre pour certains contribuables, qui croyaient qu'au-dessous d'un certain revenu ils seraient exonérés complètement. La ligne de démarcation eût été impossible à tracer.

Ne savons-nous pas que tel revenu qui paierait l'impôt est presque insuffisant pour vivre à cause de sa position géographique, tandis que tel autre qui en serait exonéré serait bien suffisant, toujours à cause du lieu?

N'oublions pas qu'il n'y a pas un revenu, mais des revenus. Qu'il s'agisse de l'impôt proportionnel ou de l'impôt progressif.

Il eût été naturellement global, même en établissant une distinction entre le revenu provenant du travail, qui est la richesse en formation, et celui provenant du capital, qui est la richesse acquise. Mais nous savons bien que ces deux revenus cherchent sans cesse à se confondre. L'ordre et l'économie grossissent le capital, et ce dernier diminue quand c'est le contraire qui se produit. L'évaluation de ces revenus serait donc sujette à des remaniements de chaque instant.

Puis, comment procéderait-on pour connaitre les innombrables revenus? Par la déclaration. Mais les déclarations seraient-elles sincères?

Il y en a bien qui ne déclareraient pas tous leurs revenus; d'autres qui, pour avoir du crédit, en déclareraient plus qu'ils n'en auraient réellement. Et fussent-elles sincères, il faut bien convenir que ce serait l'instabilité de nos ressources budgétaires, puisque à chaque fluctuation des revenus l'État serait tenu ou de dégrever ou d'augmenter le contribuable. Tous les revenus, tant du travail que du capital, sont instables. Et en cas de contestations, qui ne manqueraient pas de se produire, c'est le régime inquisitorial, que nous abhorrons, qui ferait son apparition en s'immisçant dans nos affaires les plus secrètes.

La taxation entraînerait fatalement ce résultat.

Si l'on prenait pour base les signes extérieurs, arriverait-on à un meilleur résultat? Non, certainement. Les apparences sont trompeuses. Tel qui paraît riche ne l'est pas, et tel autre qui paraît de condition moyenne est riche. Gardons nos capitaux en France et que le fisc ne soit pas cause qu'ils aillent au delà de nos frontières servir à forger des armes contre nous. On nous dit qu'au delà de ces frontières on y rencontre l'impôt sur le revenu. C'est très exact; mais ce qui l'est non moins, c'est qu'il y fonctionne très mal, qu'il y est vu avec une grande défaveur; qu'on tend à le modifier, malgré les cédules nombreuses dont on a voulu l'étayer, même dans ce pays voisin où l'impôt n'y est voté que par ceux qui le paient, où quelques-uns seulement possèdent de grosses fortunes et n'y sont entourés que de pauvres hères auxquels ils ne peuvent demander aucune contribution.

La méthode du temps et des lieux doit être observée. Ce qui est accepté dans un pays serait repoussé dans un autre où la race et le tempérament sont bien différents.

Notre impôt sur le capital, tel qu'il fonctionne, n'est pas sans imperfections, sans doute; mais il a pour lui le mérite de la stabilité, condition essentielle à l'établissement des dépenses publiques.

L'État peut ainsi plus justement connaître sur quelle valeur réelle il peut établir l'impôt, frapper le capital dans sa fixité, qu'il ne le pourrait faire s'il ne s'occupait que des revenus qui en découlent ou de ceux qui proviennent d'une autre source. On peut bien objecter que la valeur du capital n'est pas invariable, mais il faut bien reconnaître que ses fluctuations sont moindres que sur l'ensemble des revenus, qui eux varient sans cesse. Ou bien étudions le moyen de connaître plus exactement la valeur réelle du capital imposable.

Je crois donc qu'avant d'établir l'impôt sur le revenu, nous devons attendre d'avoir des éléments nouveaux que nous devons chercher à rassembler certainement, puisque nous sommes encore dans la période de tâtonnements et de projets sans consistance.

L'Électeur. — Tout cela est fort bien; mais les électeurs se sont laissés prendre à ces projets, qu'ils croyaient réalisables immédiatement.

Le Député. — Les électeurs ont pour devoir de n'accréditer que des hommes qui en soient dignes.

Ils doivent s'enquérir minutieusement de la moralité et de la capacité de ceux qui briguent leurs suffrages, se méfier de ceux qui se disent détenteurs de la panacée universelle.

J'en ai vu, en effet, de ces programmes aux mille décevantes promesses. Et ce n'est pas le cœur léger, je vous l'assure, que nous nous rencontrons, à la Chambre, avec ceux qui y entrent par un si frauduleux moyen.

L'Électeur. — C'est qu'il n'est pas facile, en période électorale, de distinguer l'honnête candidat d'avec celui qui ne l'est pas.

Le Député. — Il me semble cependant qu'avec le scrutin d'arrondissement on peut y arriver sûrement. Le candidat y est connu. Si l'électeur ne le connaît pas, il peut bien se renseigner, sur sa valeur, auprès de ceux en qui il a confiance. Il pourrait, par ce moyen, non seulement le connaître, mais discuter aussi tous les points de son programme. Il y a partout des hommes capables et dignes de foi bien placés pour diriger ceux qui feraient appel à leurs lumières. Ces hommes qu'on irait ainsi consulter seraient agréablement frappés de voir que le corps électoral désire enfin être éclairé.

Et comme eux-mêmes ne voudraient conseiller qu'à bon escient, ils prendraient certainement l'initiative d'étudier profondément et le candidat et son programme.

C'est à cause de cela que je crois que le mode d'élection actuel peut produire de meilleurs effets que le scrutin de liste. Je sais bien que c'est là une question controversée et que le scrutin d'arrondissement apparait aux yeux de quelques-uns comme un miroir brisé ne reflétant pas l'image entière. Cependant je persiste à croire qu'avec le scrutin de liste il est plus facile de se glisser au milieu de ces noms, de s'y dissimuler pour tromper les électeurs.

Avec l'autre mode d'élection, le travail préparatoire à l'examen des candidatures est plus efficace. Je ne suis pas un partisan acharné de la formation de ces comités au sein desquels on désigne un seul candidat, sachant que les délégués ne sont pas toujours l'image fidèle de la masse des électeurs. J'aime mieux que tous les candidats se présentent au premier tour, et c'est surtout en vue du ballottage que les électeurs auraient à examiner soigneusement le choix définitif, surtout maintenant que le nombre (je ne dis pas la qualité) des candidats tend à augmenter.

L'Électeur. — Mais quand, au second tour, plusieurs candidats restent en présence, le sort de l'élection dépend souvent d'une coalition que font, sans pudeur, les réactionnaires avec un des candidats plus favorisé que le leur, et ils portent toujours leur choix sur le plus subversif.

Ne pourrait-on pas mettre dans la loi que le candidat qui obtiendrait le plus de suffrages au premier tour serait proclamé élu? ou bien que nul ne pourrait être candidat au scrutin de ballottage s'il ne l'avait été au premier tour et n'y avait obtenu un certain nombre de suffrages?

LE DÉPUTÉ. — Le parti républicain s'est un peu trop affranchi de la discipline qu'il observait rigoureusement autrefois. Je crois que nous arriverons plus facilement à ce que les candidats qui auront peu de suffrages au premier tour ne se présentent pas au second, que de voir cette discipline dans les congrès préparatoires à la désignation des candidatures, chaque candidat aimant assez à affronter la lutte au lieu de s'en tenir à la décision de quelques-uns seulement.

Quant à l'élection, au premier tour, du candidat qui obtient le plus de suffrages, je crois que ce n'est pas acceptable, surtout en présence d'un très grand nombre de candidats, car il se pourrait qu'il fût élu par un nombre de suffrages qui ne représenterait pas fidèlement la majorité.

L'idée d'exiger qu'on ne pourrait pas être candidat au scrutin de ballottage sans l'avoir été au premier tour, me paraît excellente. Ce moyen éviterait surtout des surprises dont profitent ceux qui sont restés dans l'expectative durant la lutte pour mieux voir l'orientation nouvelle à prendre en vue du second tour.

Enfin, interdire à un candidat le droit de se présenter au second tour s'il n'a pas obtenu au premier un certain nombre de suffrages dont le chiffre serait, au préalable, légalement fixé, ne me paraît pas une remarque sans fondement. Ce serait en quelque sorte la discipline obligatoire qui éviterait l'éclosion des coalitions dont les effets sont si désastreux.

L'ÉLECTEUR. — Ce serait le commencement de la sagesse.

LE DÉPUTÉ. — Oui, c'est par la sagesse qu'une heureuse solution de nos conflits se produira. Il n'y a pas pénurie de candidats.

L'ÉLECTEUR. — Il y a pléthore, au contraire.

LE DÉPUTÉ. — Je veux dire, comme vous, qu'il y a pénurie de candidats dignes de ce nom, et que si les électeurs s'éclairaient ainsi que je vous l'ai dit, ceux qui ont de l'aversion pour la politique, à cause des politiciens, s'y intéresseraient au contraire. Que les électeurs s'éloignent donc de ces pédants qui ne sont capables que de parler longtemps, en y joignant l'emportement du geste, l'éclat de la voix et la force des poumons pour n'entasser que des mots sans idées.

L'ÉLECTEUR. — Je verrais tout cela avec plaisir, mais je persiste à croire que leurs clameurs épouvanteront pour longtemps encore ceux qui voudraient voir régner plus de bonne foi dans nos discussions politiques.

Et à l'appui de ce que je soutiens, je puis bien dire qu'à chaque consultation nouvelle du suffrage universel nous voyons des luttes de plus en plus acerbes, se terminant trop souvent par la victoire des plus violents, dont les promesses fallacieuses égarent l'entendement de la foule.

LE DÉPUTÉ. — Je ne crois pas cependant à l'imminence du péril. L'opposition ne pourra pas rester indéfiniment intraitable et violente. On finira bien par discuter au lieu de se disputer.

L'ÉLECTEUR. — Il y aura cependant péril le jour où les incapables seront trop nombreux à la Chambre des députés.

LE DÉPUTÉ. — Il y aurait sans doute un peu de stagnation dans les affaires.

Admettons que les électeurs, n'écoutant pas la voix de la sagesse, élisent une Chambre d'incapables.

La stagnation ne pourrait durer indéfiniment.

Il faut qu'un peuple progresse, ou il meurt.

L'Électeur. — Ne pouvant faire du bien, ils feraient du mal.

Le Député. — Non, le mal ne serait qu'apparent. La sagesse du Sénat serait toujours un obstacle à l'exécution des lois trompeuses.

L'Électeur. — Mais vous savez qu'il y a des candidats demandant la suppression du Sénat.

Le Député. — Ils n'y arriveront pas. Le Sénat est le plus sûr de nos retranchements. C'est la digue inébranlable que le flot ne peut submerger. Il nous a donné assez de preuves de son utilité pour songer à le supprimer.

Son droit de contrôle est indispensable au bon fonctionnement de nos institutions. Il faudrait, pour s'en passer, que la Chambre des députés ne fût composée que d'hommes totalement infaillibles.

Et cette prétention à l'infaillibilité, qui n'est pas du domaine des forces humaines, ne peut être taxée que de chimérique.

L'Électeur. — Mais quand les mauvais sénateurs seront aussi nombreux que les mauvais députés, ceux-là ratifieront bien les actes de ceux-ci, et le mal arrivera à son apogée.

Le Député. — Ce mal ne peut pas arriver non plus, et c'est pour cela que dans sa sagesse la Constitution veut que les deux Chambres ne soient pas élues le même jour, ni de la même manière.

Les électeurs sénatoriaux sont plus pondérés que les autres électeurs, et ce mode d'élection n'est pas une atteinte au suffrage universel, puisque ce dernier opère lui-même cette sélection, où sont pris les électeurs du deuxième degré.

Le mal que vous redoutez ne pourrait donc commencer ses ravages que dans la Chambre.

Qu'arriverait-il si elle était contaminée?

Les membres chercheraient, sans doute, à ériger en principes les divers articles de leurs programmes au moyen desquels ils auraient capté les suffrages des électeurs.

On ne tarderait pas à s'en apercevoir, et le Sénat rejetterait tous leurs funestes projets.

L'Électeur. — Ce serait un conflit continuel entre les deux Chambres.

Le Député. — Ce conflit ne serait que de courte durée. Quand le Sénat verrait que ce conflit peut s'éterniser, paralyser par conséquent la marche des affaires, il n'hésiterait pas, d'un commun accord avec le Président de la République, à dissoudre la Chambre, quoique je reconnaisse que c'est là un fait grave en politique, et susceptible de créer l'agitation dans le pays.

L'Électeur. — Et si ces mêmes députés étaient réélus?

Le Député. — Le pays saurait bien pourquoi cette dissolution a été prononcée, et en tirerait profit, je le crois, pour réfléchir sur sa nouvelle consultation.

Et s'il en était autrement, eh bien! que voulez-vous, on recommencerait le jour où l'on aurait la preuve évidente que la Chambre est aussi imprudente que sa devancière.

Ce n'est pas une brillante perspective, j'en conviens; mais en présence de l'ennemi, on ne pourrait pas se croiser les bras!

L'Électeur. — Le pays considérerait cette lutte comme un défi, et s'il restait obstiné, je crois que de grands malheurs fondraient sur nous : la guerre civile; une guerre étrangère peut-être s'ensuivrait, et, à la faveur de nos désordres au dedans et au dehors, la République serait renversée, et notre belle France mutilée.

Le Député. — En admettant qu'il y eût des troubles, on arriverait facilement à les réprimer. Certes, ce serait un pénible devoir à remplir, mais qui s'imposerait.

Quant à la guerre extérieure, je suis assez tranquille sur ce point. En présence de l'ennemi, il n'y aurait plus ni réactionnaires, ni républicains divisés; il n'y aurait plus que des Français qui, la main dans la main, abrités sous les plis du même drapeau, marcheraient droit devant eux, en champions invincibles du droit et de la liberté.

L'armée, c'est toute la nation. Son âme est trop grande et son corps trop robuste pour périr!

Nous n'en serons pas réduits à cette extrémité, je le crois fermement.

Le suffrage universel ne peut pas tomber dans une pareille aberration. Il est hors de doute qu'il aurait assez de prescience pour se ressaisir enfin et ne confier alors son honneur et sa fortune qu'à ceux qui en seraient vraiment dignes. Et, je l'ai dit aussi, c'est alors que nous verrions tous ceux qui se désintéressent trop de nos luttes politiques parcourir les rangs pour y jeter un peu de cette lumière qui guiderait les moins clairvoyants.

L'Électeur. — Le scepticisme n'est pas une doctrine. Mais je crois qu'il y a beaucoup d'illusions dans les belles paroles que vous venez de prononcer.

Le Député. — Non, mon cher ami, et en quelques mots je vais résumer notre entretien au cours duquel nous avons effleuré beaucoup de questions que nous aurons à résoudre.

Je ne suis pas un visionnaire. Je suis un sage voulant profiter des leçons du passé, et je suis sûr que nos espérances ne seront pas déçues.

Un retour offensif des régimes déchus serait impuissant à renverser cette République, fille de la démocratie, que nos pères, au milieu de nombreux périls, ont mis tant de temps à fonder.

Leur cause était sainte et leurs efforts n'ont pas été stériles.

En cas de danger, nous aurions le même courage.

Ayons donc confiance dans l'avenir. Les révolutionnaires ne sont qu'un nombre infime et nous saurons bien déjouer leurs projets homicides !

Faisons un appel pressant à toutes les bonnes volontés et à toutes les forces vives de la nation. Ne reculons devant aucun sacrifice pour que notre glorieux pays conserve dans le monde le bon renom qui lui est dû, maintenant que dans l'Europe nouvelle les peuples ne sont plus éloignés les uns des autres.

Il faut par un grand et magnifique effort que la même égide abrite toutes les nuances du parti républicain et féconde la communion des idées. Nous y arriverons, à ce but suprême, par d'incessantes concessions sur le terrain des réformes réalisables et pratiques.

Évitons soigneusement de préconiser cette funeste théorie de l'État-Providence. Propager de semblables doctrines ne peut être tenté que par ceux dont le bon sens est atrophié ou dont l'impudence n'a pas de bornes. Le jour où elles seraient appliquées, il en résulterait fatalement notre ruine matérielle et notre déchéance morale. La vitalité d'un peuple ne peut exister que par l'initiative individuelle, l'intelligence et la méthode dans le travail. L'État peut bien édicter quelques mesures propres à sauvegarder les intérêts des agriculteurs, des commerçants et des industriels; mais s'il devenait, seul, agriculteur, commerçant et industriel, nous allondrions tout de lui, et cette nouvelle manne ne tomberait jamais. Et l'État lui-même serait bien obligé de déléguer ses pouvoirs aux agriculteurs, aux commerçants et aux industriels pour arriver à la production. On n'aurait changé que des noms, et la chose subsisterait comme avant; mais ce qui ne subsisterait pas, c'est l'esprit d'entreprise, puisque les délégués s'en prendraient à l'État du soin de les relever quand les affaires ne seraient pas prospères : la ruine serait au bout de tout cela, puisque chacun n'aurait plus intérêt à lutter pour sa prospérité particulière, et la volonté serait annihilée parce que l'intérêt est le mobile de la plupart des actions humaines, surtout sur le terrain économique, et que nous avons aussi un idéal vers lequel nos aspirations s'élèvent.

La lutte des classes, qu'on nomme improprement la lutte du capital et du travail, est un problème dont les termes sont intentionnellement mal posés par ceux qui ne voient que leur profit dans une agitation toujours latente.

On a fait entrer dans les syndicats, dont le but est grand et généreux, tous les ferments de discorde et de haine envers les patrons.

Ils sont bien coupables ces politiciens qui bernent ainsi les ouvriers, en flattant leurs appétits pour capter leurs suffrages.

Certainement que les ouvriers peuvent, par une entente sage, demander une augmentation de salaire s'ils ne gagnent pas de quoi subvenir à leurs besoins; mais ils doivent avant examiner attentivement si les bénéfices de l'entreprise permettent de donner suite à leurs revendications, surtout maintenant que les bénéfices diminuent de plus en plus depuis l'incessante augmentation de la concurrence. Et qu'il s'agisse de salaires ou d'oppression politique ou de conscience, ils peuvent recourir à l'arbitrage, qui est une grande force pour apporter la conciliation et la paix dans l'industrie moderne. Mais ils ne doivent faire appel à la sentence arbitrale que pour des faits importants. Ils risqueraient sans cela, se sentant trop adulés, de lasser la patience des patrons et même des arbitres.

Quant à ceux qui croient qu'il est temps que l'usine leur appartienne, ils sont dans la plus dangereuse des erreurs, et ceux qui sont assez insensés pour le leur dire n'obéissent qu'à leurs instincts de popularité malsaine.

Les difficultés que rencontrent ceux qui sont à la tête de ces grandes usines ne seraient jamais aplanies par les ouvriers seuls. Les progrès de la science rendent indispensable la présence d'hommes ayant des connaissances que n'ont jamais les ouvriers. S'il n'y avait que des ingénieurs, ils habitueraient bien leurs bras à extraire la houille et à forger le fer; mais s'il n'y avait que des ouvriers, nous n'aurions ni la houille ni le fer. Les ouvriers ont tort de croire que les capitaux suffisent pour conduire une puissante usine. Il en faut certainement, beaucoup même, mais il faut surtout du talent. L'argent est à l'usine ce que sont les soldats dans une armée : il faut des ingénieurs, il faut des généraux, les uns pour vaincre sur le terrain économique, les autres sur le champ de bataille.

Les inégalités physiques et intellectuelles sont de notre essence même : un fardeau qui écraserait certaines épaules est supporté allègrement par d'autres plus robustes; de même qu'il y a des hommes dont l'intelligence arrive à posséder tous les secrets de la science, il y en a d'autres qui n'en pourraient jamais posséder que des éléments.

Les plus modérés des républicains ne doivent

pas s'effrayer des conceptions souvent hardies d'autres républicains.

Ils doivent, au contraire, les suivre dans cette voie et les prévenir quand cette hardiesse serait inféconde ou dangereuse, et dont la marche des affaires souffrirait au lieu de progresser.

A leur tour, ceux-ci, avertis du danger, doivent s'éloigner prudemment de l'abîme qui les attirerait.

Tous doivent être assez raisonnables pour étudier en commun les formules nouvelles et faire taire leurs préférences chaque fois que leurs projets seraient chimériques : les uns n'apportant aucune entrave à une progression réfléchie, les autres bien décidés à bannir tout ce qui serait frivole et à apprendre, par des exemples sensibles, à les distinguer de ceux qui sont solides et naturels.

Le pays aurait alors pleine confiance à la vue de cet élan généreux, et de l'étranger, qui n'est pas indifférent à nos luttes, nous viendrait un éclat nouveau.

Évoluer, transformer, est le propre des hommes et la loi de tout progrès scientifique.

Quand les républicains seront tous unis, c'est alors que nous aurons au cœur le culte de la patrie, la passion du bien, le sentiment du droit, le respect du travail et aussi l'esprit de solidarité qui unit les pauvres aux riches, les illettrés aux savants.

La vie sera moins difficile, les charges seront allégées.

Que chacun prenne dans son cœur la pierre destinée à cet édifice de paix et de concorde, dont les ramifications bienfaisantes s'étendront sur notre pays pour y apporter toujours plus d'ordre, plus de justice, plus de liberté !

Bordeaux. — Imp. G. Gounouilhou, rue Guiraude, 11.

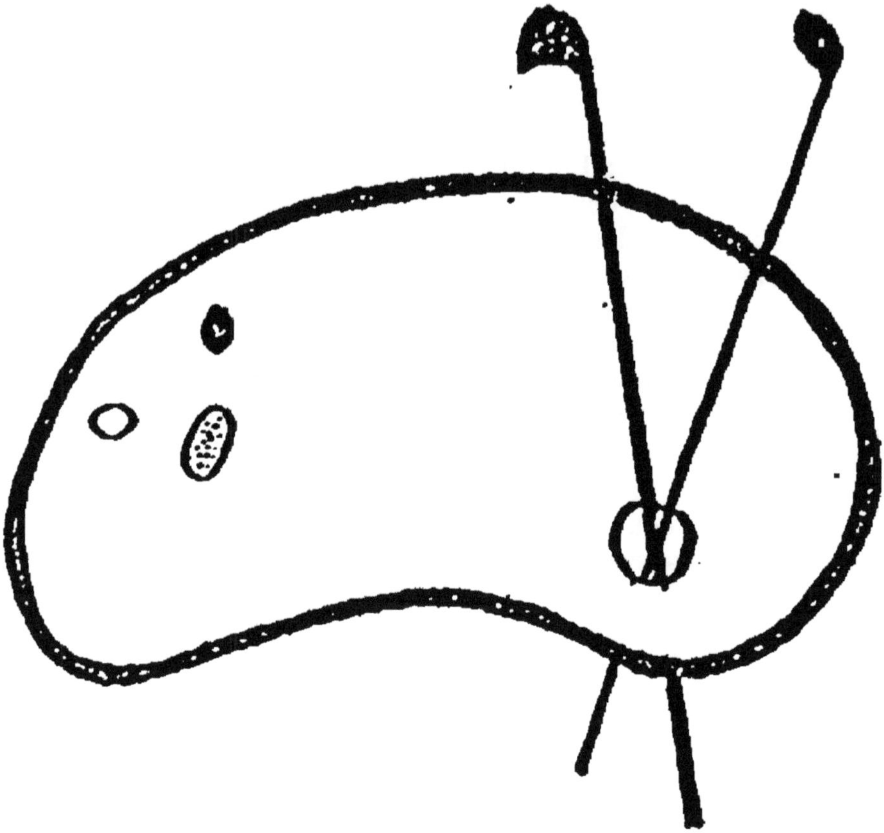

www.ingramcontent.com/pod-product-compliance
Ingram Content Group UK Ltd.
Pitfield, Milton Keynes, MK11 3LW, UK
UKHW032018260826
14628UKWH00006B/2565

9 782013 655088